AF273964

PRÍNCIPES Y PRINCIPIOS

Siltolá Poesía | 109

Alberto Fadón

PRÍNCIPES Y PRINCIPIOS

Ediciones de la Isla de Siltolá

Sevilla 2025

© 2025 : **Ediciones de La Isla de Siltolá**
Apartado de Correos 22.015
41018 – Sevilla (España)
www.laisladesiltola.es • *editorial@laisladesiltola.es*

Diseño de colección: La Isla de Siltolá
Impresión: Kadmos

ISBN: 978-84-19298-49-2 • DL: SE 643-2025
BIC: DCF • THEMA: DCF

(Impreso en España)

A Carla María,
porque regó la flor de mi ternura
y se empeñó en armarme caballero.

*Habiendo dado Alejandro cuanto tenía y repartidos sus estados
con sus amigos preguntóle uno con qué se quedaba.
Respondió que con la esperanza.*
BALTASAR GRACIÁN

*Debemos ser [...] como los viejos caballeros. Un lirio en un
vaso de hierro.*
AGUSTÍN DE FOXÁ

*E redole
olor di lole al sol che sempre verna.*
DANTE ALIGHIERI

YO, POETA REACCIONARIO

To He/Him.

Yo NACÍ, perdonadme, en Salamanca,
no en patrias prometidas de pronombres.
(Hoy elijo *palacios, islas, torres*
antes que arcanas magias onomásticas).

Yo nací por igual noble y canalla
en la tierra de Lázaro de Tormes.
A lo decolonial y al *gender problem*
prefiero la defensa de mi España

y sus lances ¿España? Perdonadme:
las naciones copiosas de un estado
por esencia y querencia subyugante.

En fin. Serenidad, desdén hidalgo
y sorna belicosa, que ya es tarde
para no ser poeta reaccionario.

ALTO JORNAL FILOLÓGICO

En la Biblioteca de Humanidades de Valencia.

> *The need for that mixture of the familiar and the unfamiliar*
> *which Christendom has rightly named romance. For the*
> *very word "romance" has in it the mystery and ancient*
> *meaning of Rome.*
> G. K. CHESTERTON

A LA LUZ de la lámpara estudiosa
tratando de aprender
un algo de la lira manierista
y el arte incomparable
de callar junto a ti,
no consigo templar
la ardentía rabiosa de filólogo
si a la doma algún verso se resiste.
Y, de pronto, ¿qué es esto?
Miro al ordenador –Torquato Tasso–
y un sintagma escondido que fulgura,
y que apenas descifro
–*gli stellanti claustri*–,
me serena y restaura mi alegría
y vuelvo a comulgar con el oficio
y a ver como quien mira una vidriera
por tu rostro el color de aquellos claustros

dulcemente estelantes
y a saber que la vida es casi siempre
milagrosa y doméstica: romántica.
Lo mismo que un castillo de juguete.

VARIACIÓN FLORAL SOBRE UNA LETRA DE JUAN RAMÓN

A las chicas con las que nunca tuve feeling.

ELLA ME PREGUNTABA de rosas ignoradas
y yo le respondía de rosas imposibles.

DE CÓMO SE HIZO SENDA DEL ASOMBRO

AZAHARES y cítaras de pluma.
O tal vez las alhajas del otoño.
El sol dorando el ángulo y el libro
por que goce el relato, el verso, el folio
en una tarde conyugal y cálida
—confiados los dos— de fines del agosto.
Un estremecimiento insoslayable
si el cabello deslazas generoso.
Esta danza caótica de embrujo
y vocación, que es todo lo que somos.
Esa casa con niños que nos despertarán
corriendo como locos,
como un temblor de nuestra piel y sangre.
Es suficiente. Sigo fervoroso,
feliz y agradecido caminando
por la perenne senda de mi asombro.

DE CONTRADICTIONES ANIMAE POETAE

Yo, QUE ESCOGÍ la vida rutinaria
antes que el pensamiento rutinario,
a nadie admiro tanto como al bárbaro
jinete que forjó la Nueva España.

CARICIAS DE GRAFITO

El futuro se guarda en el lenguaje.
JUAN ANTONIO GONZÁLEZ IGLESIAS

EN TUS DEDICATORIAS
y en todo lo que escribes y subrayas
sobre un libro cualquiera, cualquier tarde,
descubro la delicia y jerarquía
íntima de tu espíritu.
Tu genial repertorio de *key words*:
España muerte Dios y hasta mi nombre.
Y marcas y asteriscos con los cuales
en siglos venideros los bibliófilos
conocerán tu inclinación y estrella.
No por ser vanidad,
dejaré de insistir en que me quedo,
de entre tan ricas glosas,
con esos mudos pero irresistibles signos
trazados para mí.
Todavía mejor: para nosotros,
colando entre los márgenes
—con un par de palabras, con alusión minúscula—
la sal de nuestros días.
Me gusta imaginar
que todo formará parte de un cuento
inspirador y dulce,

reordenado, como un cantar de gesta,
por el honrado afán de algún filólogo.
¿Y cómo lo titularán? Preguntas.
Por mí algo canoro y muy castizo:
Épica cotidiana de lecturas
de dos hidalgamente enamorados.
Yo sé que tu querrás algo más sobrio:
Caricias de grafito entre Carla y Alberto.

HOMENAJE A WILLIAM BIZARRI (1921-1930), EN BRAZOS DE LOS ÁNGELES

En la Cartuja de Bolonia,
frente al epitafio lírico y doliente de un muchacho.

Sucedió una mañana
en Bolonia, tan lejos de mi tierra.
Yo paseaba con la angustia tímida
de un junio solitario
en aquel otro viejo país ineficiente.
Y entonces te encontré.
Brillabas con pudor de quinceañero
en su primera cita,
atento y tembloroso:
William Bizarri (1921-1930).
Fiore destinato ad altri giardini.
De ti me bastó apenas tu apellido
de librero anticuario hundido en sus estantes,
de lirio antes de tiempo y casi en flor cortado.
Yo creo que naciste entre dos guerras
para que fuese símbolo y suspiro
tu vida entre las muertes, un renglón
candente de alegría entre las páginas
torcidas de la historia.

Con solo nueve años,
con la edad en que Dante
se cruzó con Beatrice
y se hizo para siempre un siervo del Amor,
cambiaste tus jardines boloñeses,
Guillermo, por aquellos más frondosos,
más ricos de aventura
y más claros.

PRÍNCIPES Y PRINCIPIOS

Esa preferencia del pálpito al cálculo significa en el caballero
simplemente la fe inquebrantable en sí mismo y en su
destino personal.
MANUEL GARCÍA MORENTE

UN POCO MÁS DE PÁLPITO que cálculo
—como según Morente el caballero—
me hizo cambiar los mundos de Carnero
por este humor y vocación de oráculo

contra la clerecía cultural
y a favor de la vida y del verano.
¿Estética y moral? Pues lo cercano
y luminoso, poco más. Rural

no lo he sido. La aldea no festejo
ni la corte desprecio. Ya no callo
mis juicios por tibieza y entre ripios

con una amarga confesión os dejo:
hubiera preferido ser vasallo
de príncipes mejor que de principios.

HAY QUE ALARGAR ESTE PASEO

En expresión de mi gratitud con el memorable
                Qué grande es el cine.

EN LAS HORAS POSTRERAS, olvidados
ruidos, solemnidades y efemérides,
con esa claridad de todos los crepúsculos,
como el valerosísimo
y galán Errol Flynn en la inmortal
Murieron con las botas puestas
espero confesarte
—ufano y melancólico, pero siempre esquivando
un melodrama póstumo impropio al caballero—:
walking through life with you, ma'am, has been a very
        gracious thing.
Señora, pasear esta vida a su vera
ha sido para mí
un verdadero honor, un privilegio.

CANCIÓN DE LA VIDA COMÚN Y MODERADA

Es milicia la vida
—nos recuerda Gracián en el *Oráculo*—
del hombre por dar guerra a su malicia.
Toca andar terco y loco por este mundo amargo
a la busca de un poco de armonía,
a la busca de un algo de milagro.

Lo mejor, al final, es lo de siempre:
no dejarse arrollar por la corriente,
sin anacoretismos
ni gestos estridentes.

Y admirar, que ya es carne de heroísmo,
ser paladín ufano de su causa
—ya sea rutinaria o fabulosa—
como en mayo el jazmín de su fragancia.

No hay muchos más axiomas:
cuidar lo que no importa
—rescato ahora un verso de Villena—,
salvar el ademán caballeresco
si azota la tormenta
y saber que la suerte pesa más que el talento.

SOLEARES CHARRAS

A quienes supieron maridar la patria grande con la chica.

Qué insospechada delicia
descubrir en el armario
tu ropita con la mía...

Coplilla de la Piquer,
con tu duende de posguerra
yo aprendí cómo querer.

¡Que naciste en Salamanca!
Déjate de soleares,
cambia el cante por la parla.

Predica sobre Unamuno,
el plateresco y Fray Luis.
Yo a lo mío, tú a lo tuyo.

¿Y los cultores del haiku?
Pues allá ellos y que rimen
si quieren en asturianu.

Con tantas autonomías
no sé qué lengua ancestral
volveré mañana mía.

Déjate el politiqueo,
que aburres al personal
y a tu novia ni te cuento.

Tentaré un lance romántico
sin perspectiva de género,
pero con quiebros de hidalgo:

Si tengo talle de lirio,
¿cómo no he de florecer
sobre tu cuerpo de estío?

Tu cuerpo de estío ardiente
ha llegado a confesarme
que es imposible la muerte.

Tu cuerpo de mediodía
quema las sienes del lirio
como el alba las rocía.

Cuánto verano en tu cuerpo.
Su calor me arroparía
si regresara el invierno.

Y una verdad pedantesca
para salir un ratito
de tanto fuego y floresta.

Églogas de Garcilaso:
me habéis sacudido más
que un millón de desengaños.

Es que al final, al final
lo que se graba en el alma…
un poema y poco más.

YO ES QUE SOY MÁS DE JOHN FORD

ME HABLABAN DE PELÍCULAS extrañas
con la solemnidad y el embeleso
de un orador del siglo XVII
glosando a San Jerónimo
en elíptica prosa gongorina.
El director refleja un no-lugar
donde todo acontece y los afectos
se (re)piensan en cada fotograma.
Al parecer no era
—como yo en mi candor hubiera dicho—
ni tortura ni olímpico coñazo.
Su ritmo es una crítica implacable
al ethos liberal de la eficiencia
que nos quiere cansadas y alienadas.
Yo, clásico y castizo, carecía
de una papila gustativa acorde
a tantos filosóficos manjares.
Al final, agotado yo también
de las conversaciones imposibles
con que nos martiriza
la postmodernidad desfalleciente,
les respondí, lacónico y seguro:
La verdad…
       Yo es que soy más de John Ford.

CANTÁBRICO MORAL

EN UN PUERTO del norte marinero
andábamos tú y yo y el mes de julio,
mágicamente absortos por dos libros
de luminosa filigrana en prosa
—cara a cara el *Belmonte* de Nogales
y *El obispo leproso* de Miró.
De nuevo defendíamos,
con ocio atento, con silencio dulce,
lo mejor de Occidente.
Un verano de *locus* amenísimo
sin colas ni sudores ni alemanes.
La brisa como un beso salobreño
de un diosecillo-viento mofletudo
huido de algún atlas
con voluntad de estilo.
El olor de los chigres, las gaviotas
cuyo graznido parecía entonces
—casi un cuento moral de Éric Rohmer—
una florida parla de poeta
agradeciendo al cielo por sus dones:
Gracias, Gijón, la mar está encendida.

TRÍPTICO DEL AMOR VICTORIOSO

Escribe Gómez Dávila que amar
no es sino el privilegio de advertir
en el amado el mérito invisible
a los ojos del resto de los hombres.

A zaga de los clásicos platónicos,
yo diría también que es como un rapto
que te exalta y redime, revistiendo
de gracia llameante cuanto toca.

Al parecer de Ovidio, combatir.
Armarse caballero inquebrantable
hasta ganarse un día una divisa
donde figure el término «servicio».

En resumidas cuentas:
lucidez, entusiasmo y vocación.

Y dicho de otro modo:
tener en la mirada la sonrisa de un ángel,
vivir loco y ligero como la flor de un sueño
y, llegada la hora, recordando al poeta,
dar el alma y la vida a un desengaño.

C.M.J.P. (JUNIO, 1999)

Tú NACISTE al morir la primavera
última del milenio.
De aquel mundo te queda
un verano, un otoño, medio invierno.

Heredera mayor del Occidente,
diste música y fruta
a tu ancestral estirpe de claveles
fatalmente extranjeros en su cuna.

Tú naciste reinando bien plantada
con vocación de aurora y clasicismo.
Sabes que las raíces son las alas
y ganaste un abril que no has vivido.

TRÍPTICO DEL CLASICISMO DE LOS ÁRBOLES

A las dríadas y hamadríadas,
dulces y graciosísimas doncellas.

En los árboles busco el clasicismo,
el mito con su ciencia inmarcesible
y la moral perdida entre los hombres.

Para este símbolo me bastan tres:
el olivo, la encina y el naranjo.

La oración en el huerto de Jesús
el primero, los ojos pensativos
de la glauca Atenea.

Tonante en su bravura está la encina
de Júpiter y el toro,
olímpico trapío en tierra y cielo.

Del naranjo la poma luminosa
de Paris para Venus,
la belleza triunfante en su pureza.

Espíritu, poder y seducción.
El olivo, la encina y el naranjo.

Hay una voz que dicta lecciones permanentes.

ESTE POEMA FUE CONCEBIDO PARA
TITULARSE «ATLÁNTICO MORAL» Y
ASÍ HACER PAREJA CON «CANTÁBRICO
MORAL», PERO COMO LA CARENCIA
DE GENUINO ESTRO HA IMPEDIDO LA
ESCRITURA DE UN «MEDITERRÁNEO
MORAL», Y QUEREMOS A TODA COSTA
EVITAR CONFLICTOS INTERNÁUTICOS
ENTRE LOS MARES DE ESPAÑA,
LO LLAMAREMOS, LACÓNICA Y
DENOTATIVAMENTE,
CÁDIZ

Lo PRIMERO QUE VIMOS al llegar
fue una mar renaciente y una historia
de la carrera de la edad cansada.
Y pronto descubrimos paseando
una cátedra viva de contrastes.
Imperaba el espíritu de fineza a la vera
no de la geometría, sino del abandono.
Pero como no soy, por la gracia de Dios,
un poeta social —a lo sumo, moral—
dejaré que otros canten,
con mejor o peor plectro, la ruina
y la necesidad del municipio.
Yo quisiera ofreceros la memoria

de unos días de playa
con la sola ambición de contemplarnos
lírica y estivalmente felices.
Allí, junto al aurífero arenal,
éramos amanuenses
de cánticos solares, de flautas del levante.
Lo mismo que una cítara sonaba la bahía.
Pausando una lectura me dijiste:
Este par de toallas señala nuestros fueros,
aquí solo entrarán los buenos y los nobles.
Eran dulces los libros y la música,
la sal, la luz, las olas, el *far niente*.
Así yo te admiraba recordando
–con indisimulada complacencia–
la soleá de José Luis Tejada:

Cosas de reina tenías
cada vez que me mirabas
me perdonabas la vía.

LO QUE QUEDA DE ESPAÑA

A aquella patria que renunció a la gracia y se hizo sierva.

PORQUE DE AQUELLA ESTIRPE de claveles
y lirios embozados de armaduras
—pasmo del orbe que suspenso admira—
queda solo el aroma
languideciente y tardo
como un atardecer del mes de agosto
al sur de una bahía milenaria,
volvamos aunque sea
un rato a este cuartel
del recuerdo y los mudos homenajes,
felizmente muy lejos
del aplauso o reproche del común
y de las leyes cursis y flamígeras
de la memoria histórica.

DIALÉCTICA PLATÓNICA

Yo PERORABA loco de entusiasmo
desde mi mundo azul de las ideas:
el príncipe y el héroe, la crítica
al universalismo abstracto de la época.
Me sentía a la vez nube, desnudo espíritu,
mílite coronado del genio de su tierra.
La distancia, ya sabes, más corta entre dos puntos
pasa por las estrellas.
Fijándome en el póster del hidalgo del Greco
puse su faz severa
de palidez de lirio
pensando un colofón para mi arenga
cuando, como una luna de azafrán oloroso,
sacaste la paella.
¡Fuera filosofías –sentencié– *que bajo este*
sol todo es nuevo, todo es como una promesa!
Lo que no es tradición… Pero, cariño,
muy bien la tradición, pero antes pon la mesa.

SABROSAS TREGUAS DE LA VIDA URBANA

Retirado en la paz cordobesa de cal y cobalto.

Los augures eran en Roma los que adivinaban, deducían predicciones del vuelo de las aves y otros signos. El cortesano, siempre temeroso, trata de adivinar, con miedo de que el privado esté de mal humor aquel día, atisbándole la cara, para ver si está de bueno o malo.

DÁMASO ALONSO

TRATEN OTROS las taras del gobierno
y las parladurías de la prensa,
su jeta y exquisito *ars mintiendi.*

Déjenme a mí los sueños del jardín epicúreo,
pronta la copa en mano, sudantes los ibéricos,
el destello de sol, las risas oportunas,
las charlas de liróforos celestes recordando
con Séneca que el ocio sin letras pudre el alma.

Y que otro sea augur, impugnador
crítico o escoliasta del semblante
rebosante de bótox del privado.

Quizá también un día yo sea justiciero,
cantor de himnos gigantes y extraños de censura.

Por el momento aspiro a no ensuciar de más,
a no tentar al prójimo vilmente y a soñarme
maestro de los gestos que salvan la belleza.

INSTRUCCIONES PARA UN EPITALAMIO

A los futuros invitados de mi boda.
Y a mis padres. Y a mis suegros.

CANTAD el velo de mi novia Carla
—cisnes de un día, amigos de una vida—,
su esplendente sonrisa de azucena
cuando al altar su paso alado oriente.

Invocad a Himeneo con su lumbre
—cupidillo de bodas y bautizos—
para saciar mi caprichoso anhelo
de ostentar barroquismo hasta en la sopa.

Pintad al son de un pasodoble mil
claveles lloviznando sobre el tálamo
en la luna de miel en una villa
de Italia u otro reino deslumbrante.

Y que no se os olvide: decid algo
nítido y verdadero de padres y de suegros.

Rogad por una prole luminosa
y nada postmoderna,
que no pretenda redimir al Hombre

y escupa a su vecino;
rogad para que admiren
y sean admirados.

Y de mí recordad, sencillamente,
la suerte que he tenido.

INTENTO DE FORMULAR MI EXPERIENCIA CON LAS VOCACIONES

A quienes tengan cosquillas de saber quién hizo
Príncipes y principios.

Porque estrenaba su vigoroso corazón a todas horas.
Luis Rosales

La tuya debió ser
una larga niñez nefelibata,
fértil fragua de sueños y arquetipos
que habrían de enseñarte el norte y la esperanza,
para no renunciar del todo a la alegría,
para ser buen viajero por el valle de lágrimas.

Astronauta o astrónomo —¡qué importa!—
te contemplaste un día de primaria,
capitán de los piélagos astrales
regalando la grupa de una luna de nácar.

Siendo un adolescente descubriste
versos del veintisiete como una oscura magia.
Quisiste ser poeta y anarquista después
por dar al orbe entero la última estocada.

Más tarde y más formal, compañero de viaje,
muy seriote y solemne, con la voz engolada
pidiendo más derechos y sufriendo las riñas
por no llamar al prójimo sin tregua *camarada*.

También materialista filosófico,
triturador de mitos y patrañas,
no dando a la terneza alguna puerta
no sea que te tomen por sofista o nenaza.

Después, ¿qué es lo que vino? Yo creo que
hiciste al fin las paces con tu patria
y te volviste ecléctico y un dandy
y volviste a jugar con las palabras.

Y qué decirte hoy,
ahora que tú también te autorretratas.
Poco a poco, sospecho, te despojas
de los ídolos falsos que antaño venerabas.
¿Serás ya, finalmente, tú mismo tu modelo?
Por suerte el arte es breve y un juguete y la vida
la trampa que te atrapa por no ser
como la sospechabas.

UNA SOLA LÍNEA DE LEOPARDI

Y ella respondió encendida:
—¡Ya lo comprendo!
GUSTAVO ADOLFO BÉCQUER

¿COMPRENDES QUE EL CREPÚSCULO en un verso
—Dolce e chiara é la notte e senza vento—
se duerme de Leopardi y vela el resto?

MADRIGAL A PROPÓSITO DE UN TEMA DE CERNUDA

Si no te conozco, no he vivido.
LUIS CERNUDA

DESDE QUE TE CONOZCO VOY RIMANDO
con el deseo la realidad
y estoy preso en los lazos infinitos
de tu amor irrompible como el mar,
y somos dos ramitas que se alcanzan
—rosal y espino albar—
y se abrazan con fuerza cuando pueden
y, cuando no, suspiran sin cesar.
Suscribo así la fe de los poetas:
puedo morir en paz,
como dicen que mueren
los que han amado alguna eternidad.

EL ESPECTADOR

Miro con avidez y sin codicia
como aquel jardinero que podaba
con sus ojos el mundo pretendiendo
perfilar un museo en sus pestañas.

LA LUZ DE UN VIERNES SANTO EN SEGOVIA

En tus ojos entonces a la luz adoré.
JORGE GUILLÉN

TAL VEZ BUSCABAS con mayor codicia
la posible tibieza de mi mano
por ese laconismo medieval
del aire de Segovia.
Eran los días de burlar las últimas
cornadas del invierno y se abrazaban
aromas de mesón y penitencia.
A la tarde, su muerte se sentía.
Y aunque era Viernes Santo,
lloviznaba y el ángel melancólico
quería envilecernos
con su infausta zozobra,
en tus ojos entonces
—soleado jardín de mi esperanza—
a la Luz adoré.

¡ALEGRÍA! ¡HEMOS NACIDO PARA LA ALEGRÍA!

En Bodegas Campos, Córdoba.

A VECES TODO EL MUNDO se reduce
al ángulo feliz de una taberna,
a una mesa obradora del milagro
de la amistad que brilla como un fino
dorándose al sol de Córdoba en otoño
lo mismo que una página escogida
de un poeta de *Cántico*.
Yo recuerdo que en *Bodegas Campos* una noche
–como le ocurriría a Gil de Biedma
con el aroma a cuero de zapatos
en el barrio de Plaka–
amé la vida más que de costumbre
al toparme, borracho de vino y corazón,
en el roble oloroso de un tonel
una cita radiante y verdadera
con que Concha Velasco, sin saberlo,
nos regaló un vestigio
de la felicidad inmaculada,
un emblema inmortal de gratitud:
¡Alegría! ¡Hemos nacido para la alegría!

ÉCFRASIS COPLERA PARA *LA MUERTE DE ADONIS* DE JOSÉ DE RIBERA

¿Por qué me lloras, carita de emperaora?

EL COLOR del semblante
piadoso de una virgen de marfil.
Ensortijado el oro se entristece
en la bóveda fulva,
y las vestes sedeñas
ondean con galano error al viento.
Tal que un torero envuelto en su capote
a modo de mortaja,
despide Adonis, garbo de esta tierra,
la dulce vida entre la hierba verde.
Que vistan negro luto las ninfillas
y el aire entero sea
como un fúnebre son de pluma blanca.
Hay orden de arruinar
los bálsamos del mirto.
Mintiendo cerdas y espumando dientes,
bastó de un dios la cólera.
At cruor in florem mutabitur.
«Y siempre lloraré, dilecto mío,
igual que niña huérfana,
el néctar de tu piel aljofarada

y tu mirada simple de paloma».
Venus velaba el sueño del montero
como un ángel caído del sol resplandeciente.

NO VOLVERÉ A SER CULTURALISTA

No escribas esas écfrasis, me dices.
Ni alabanzas a ilustres
varones del Barroco, ni al palacio
espectral de la fúnebre Ferrara.
No imites a Carnero ni a D'Annunzio.
Y basta de retórica
gongorina de vate atormentado,
de hipálages y citas imposibles
de descodificar sin *Google books*
y sin la innecesaria
paciencia de un cartujo.
Deja a Tiziano y mira con tus ojos.
Sí: con tus propios ojos
y fíate algo más del corazón,
de aquel corazón tuyo
sediento de color y de alegría
(y no menos propenso a los berrinches).
Olvídate de Venus,
de quien tanto recalcas
que nació de la espuma
—o peor: «la espumígena»—,
y canta para mí,
nacida de esos días
en que juras quererme un poco más,
en que juras quererme hasta tener
el milagro del mundo entre tus manos.

HOMENAJE A AQUILINO DUQUE

Yo NACÍ bajo el signo del León
para honrar a las razas luminosas.
Hay en mí vocación
de hacer de los rugidos una rosa.

Sobre el talle de lirio una armadura,
que nadie salvo tú lo note y vea.
La flor de la ternura
se esconde en la hidalguía que guerrea.

Yo nací con reparos a la prosa
un día de verano salmantino.
Los grillos me enseñaron que las cosas
humildes tienen cántico y destino.

ÍNDICE

Este poema fue concebido para titularse «At-
lántico moral» y así hacer pareja con «Cantábri-
co moral», pero como la carencia de genuino
estro ha impedido la escritura de un «Mediter-
ráneo moral», y queremos a toda costa evitar

Este número 109
de *Siltolá Poesía*
se terminó de imprimir
en el mes de mayo de 2025

Colección SILTOLÁ POESÍA

Otros títulos publicados en esta colección